ACADÉMIE DE MÂCON

LE PREMIER IMPRIMEUR MÂCONNAIS

Michel WENSSLER

De Bâle

NOTICE BIBLIOGRAPHIQUE

Suivie d'une Étude sur l'établissement définitif
de l'Imprimerie à Mâcon

PAR

M. Henri GLORIA

MÂCON
IMPRIMERIE D'ÉMILE PROTAT.
1877

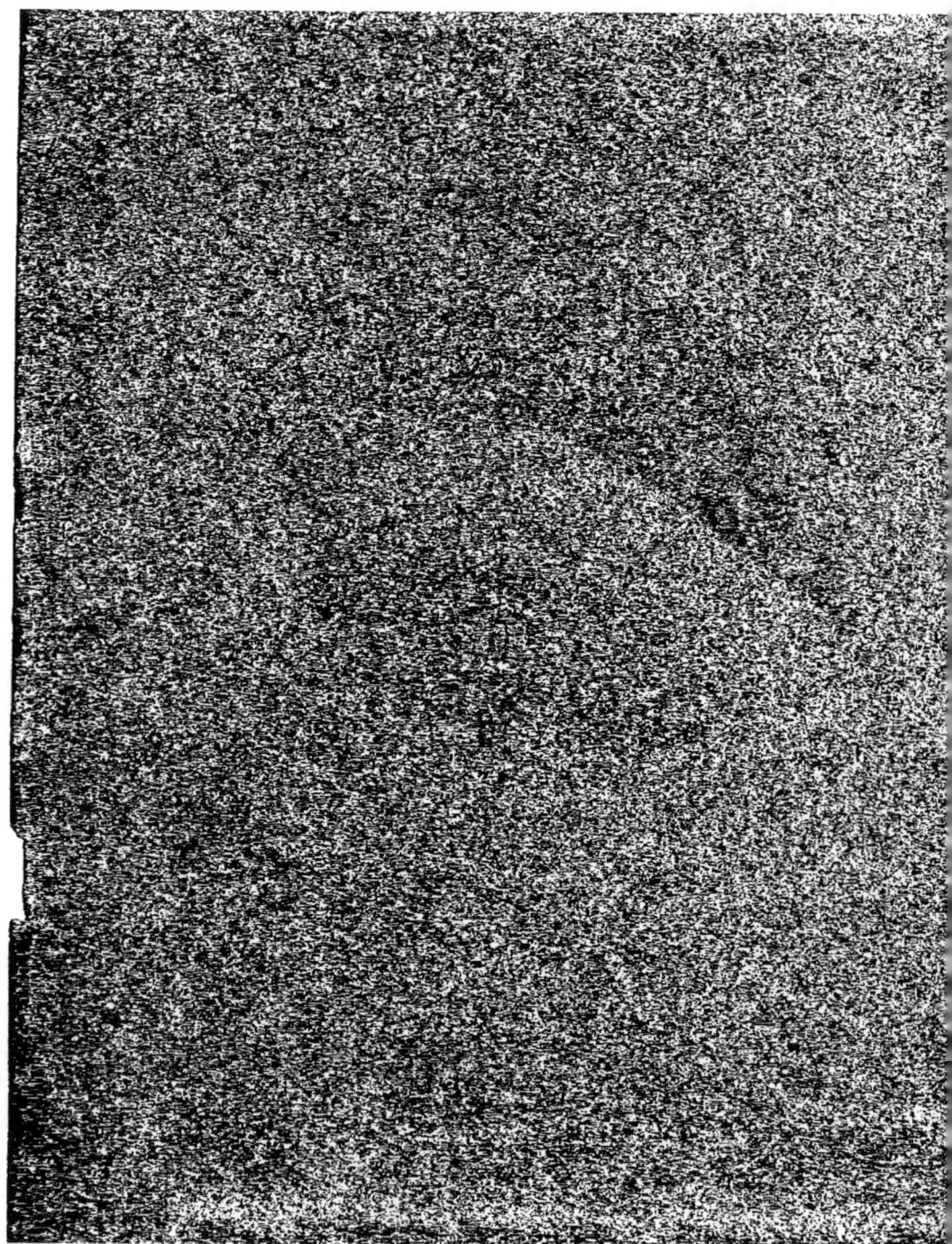

ACADÉMIE DE MACON

LE PREMIER IMPRIMEUR MACONNAIS

Michel WENSSLER, de Bâle,

NOTICE BIBLIOGRAPHIQUE

Suivie d'une Étude sur l'établissement définitif
de l'Imprimerie à Mâcon

PAR

M. Henri GLORIA

MACON,
IMPRIMERIE D'ÉMILE PROTAT.

1877.

Fac-Simile de la souscription du Missel imprimé à Cluny en 1493, par Michel Wenssler, d'après l'exemplaire conservé à la bibliothèque de Cluny, et marque de Wenssler.

Reuerēdissim' pater et domnus. domn' Jacobus de Amboysia abbas sacri monasterij Cluniarenk. de consilio Reuerēdi patris. domni Anthonÿ de rupe decretoz doctoris Maioris Clumarek. Mortuaque. ar charitatis prioratuũ prioris digniffimi. retero rumqʒ reuerēdoz patrũ. senioz. et domnoz per multa tempora in regula sanctissimi pris et legislatoris nri Benedicti. et scdm dicti monasterij approbata statuta exercitarorũ:presens missale ordinari ferit. Quod tandē industriosus.ingeniosusqʒ vir Magister Michael weukler. Ciuis basilien. plus affectu deuoñois qʒ iucra di ransa imprefsit in Cluniaco. Anno dñi. Millesimo quadringē tesimo nonagesimotertio. die nona mensis Junÿ.

Michel WENSSLER[1], de Bale

Parmi les hommes qui, dès le début de l'imprimerie, consacrèrent leur existence à la propagation de cette invention si féconde en grands résultats, il en est un auquel le Mâconnais a dû, à la fin du xv⁰ siècle, son premier établissement typographique[2].

Michel Wenssler de Bâle, longtemps imprimeur dans cette ville impériale, signala son passage dans notre petite province par l'impression de livres liturgiques, dont de rares exemplaires subsistent encore. Ce typographe ambulant

---

[1] Le nom de Wenssler est imprimé de différentes manières dans les ouvrages édités par lui (Wenssler, Wensler, Wenszler). Nous avons adopté l'orthographe la plus habituellement suivie.

[2] Ainsi qu'on le verra plus loin, la fondation de l'imprimerie dans le Mâconnais date de 1493 (Cluny et Mâcon). Il n'est peut-être pas inutile de donner ici quelques détails sur l'introduction de cette invention dans les villes voisines :

Lyon, 1473. Guillaume Regis ou Le Roy y imprime le *Compendium breve* du cardinal Lothaire. (*Lugduni p. magistru. Guillermu. Regis huius artis ipressorie. expertu.; honorabilis viri Bartholomei Buyerii dicte civitatis civis jussu et suptibus. ipressus. anno Verbi incarnati* M.CCCC.LXXIII. *quitodecio. kal. octobres.*) In-4⁰ goth. 82 ff.

Dijon, 1491. *Joannes abbas cisterciensis. Collectanea quorumdam privilegiorum ordinis cisterciensis. Divione per Mag. Petrum Metlinger alemanum*, 1491, in-4⁰ goth. 197 ff.

Montluel (Ain), 1576. Le XIIIᵉ livre d'Amadis (Silves de la Selve), traduit en français par Gohorry, y est imprimé par un typographe qui ne s'est pas nommé ; c'était probablement un imprimeur lyonnais et peut-être Fr. Didier. (Un volume in-16.)

Chalon-sur-Saône, 1604. Par une décision municipale du jeudi 10 avril

mérite, il me semble, une mention dans nos *Annales ;* c'est
ce motif qui m'engage, malgré l'aridité de la matière, à
publier le résultat de mes recherches sur les travaux
accomplis par Wenssler, à Bâle d'abord, puis à Cluny, Mâcon
et Lyon.

Longtemps d'épaisses ténèbres cachèrent le berceau de
l'imprimerie, et, malgré de nombreux et savants travaux, le
problème si difficile de la découverte de ce grand art n'est
pas encore entièrement résolu. Peut-être n'a-t-on pas tou-
jours suffisamment distingué la xylographie ou gravure sur
bois, procédé à l'aide duquel on a composé des livres ou
recueils d'images, de l'impression avec des caractères
mobiles. Entre ces deux méthodes, qui aboutissent pourtant
à un résultat identique, il existe cependant des différences
essentielles, et s'il est vrai que, dans certaines inventions,
la première idée soit tout, ici, la découverte des caractères
mobiles, attribuée généralement à Hans Gensfleisch de
Sulgeloch, plus connu sous le nom de Gutenberg, bien
qu'elle fût postérieure à la xylographie, avait, au point de

1603, Guillaume Lantin étant maire, Jean Desprez, natif de Langres, fut
autorisé, sur sa demande, à établir une imprimerie à Chalon. (V. *la Bourgogne,* 1868, p. 232, note de M. Millot.) Le premier livre imprimé dans
cette ville est le suivant : *Privilèges octroyez aux Maire, Eschevins, bour-
geois et habitants de la ville et cité de Chalon-sur-Saône.* Chalon-sur-
Saône, chez Jean Desprez, 1604.

Bourg, 1626 (1568 ?). Jusqu'à ces dernières années, on avait considéré
Jean Tainturier, installé à Bourg depuis 1624 ou 1625, comme le premier
typographe de cette ville ; mais M. Brossard, archiviste, a trouvé le titre
d'un *Ordo* pour 1568. Au bas de cette page, ornée d'une gravure sur bois,
on lit : *Burgi, apud Jacobum Bullinges.* (V. Ann. de la Soc. d'ém. de
l'Ain, 1870, p. 96.)

Autun. L'histoire des premières presses autunoises n'est pas encore
parfaitement élucidée. M. Bernard pense que le volume intitulé : *Statuta
Æduæ, statuta curiæ eduensis, auct. Joan. Blondel,* 1534, in-8°, sans
lieu d'impression ni nom d'imprimeur, a été imprimé à Autun. Il cite
encore : *Missale ecclesiæ Heduensis, Heduæ,* 1556, in-folio, — et une
édition de Galien, imp. Heduæ, 1578, in-8°.

vue des facilités qu'elle offre pour reproduire à l'infini les
œuvres de la pensée humaine, une toute autre importance [1].

Il n'entre pas dans le plan de cette notice de rechercher
où l'art de l'imprimerie fut d'abord exercé. Il me suffira de
rappeler qu'il paraît démontré que ce fut à Mayence, vers
le milieu du xve siècle. La guerre dont cet archevêché fut
le théâtre pendant les années 1461 et 1462, et les événe-
ments qui en furent la suite, obligèrent les premiers imprimeurs à fermer leurs ateliers; la dispersion de ces typographes et de leurs ouvriers fut une des causes de la rapide
diffusion de cette découverte.

Les villes peu éloignées, surtout celles qui étaient le siége
d'évêchés ou d'universités, ne tardèrent pas à recevoir des
imprimeurs. Bâle, ville impériale, et dont l'accession définitive à la Confédération suisse n'avait pas encore eu lieu,
fameuse par le concile qui, pendant quinze années, de 1432
à 1447, s'était tenu dans son sein, possédait une école et,
en outre, une Université fondée en 1459 par le pape Pie II
(Æneas Sylvius). C'étaient là, assurément, des motifs suffisants pour qu'un établissement typographique y fût installé
de bonne heure. Aussi Braun a prétendu, avec assez de
vraisemblance, que cet art y aurait été exercé de 1460 à
1465 par Berthold Rodt de Hanau [2], dit Berthold de Hanau,

1 V. Heinecken, Idée générale d'une collection d'estampes, etc.,
Leipsic, 1771. — Sotheby, Principia typographica.

2 Ce typographe n'a imprimé son nom que sur un seul ouvrage : Repertorium vocabulorum equisitorum oratorie poes. et historiarum cum
fideli narracoe. earum rerumque ambiguitatem ex hujus modi vocabulis
accipiut...... editum a...... mogistro Conrado turicens ecclesie cantore
et ypletus anno Domini M°CCLXXIII. — Bertoldus (Rodt) nitide huc.
impresserat in Basilea. In-fol. goth. 147 ff.
Les caractères employés par Berthold Rodt pour l'impression de ce
livre se retrouvent dans plusieurs autres ouvrages non datés, particulièrement dans le premier volume d'une édition d'une Bible latine, en 2 vol.
in-fol. à 2 col. sans chiff. récl. ni sign., et aussi dans un traité de saint

qui figure comme témoin et comme ouvrier de Gutenberg dans le procès que ce dernier eut à soutenir à Mayence, en 1455, contre son associé Jean Fust.

Sans entrer dans l'examen de cette prétention, il faut descendre jusqu'à l'année 1474 pour trouver des livres imprimés à Bâle, avec date.

Dans une ville universitaire, les premiers ouvrages sortis de la presse devaient, naturellement, être destinés aux étudiants. Les deux livres imprimés à Bâle en 1474 furent, en effet, consacrés à l'étude du droit. L'un, en haut allemand, est intitulé : *Sachsenpiegel* [1], il a été imprimé par Richel ; l'autre est en latin : *Joannis Calderini repertorium juris* [2]. Le lieu de l'impression et le nom de l'imprimeur de ce volume ne sont pas indiqués, mais, d'après les comparaisons opérées par les plus érudits bibliographes, tels que Seemiller, Maittaire, Panzer et Hain, c'est un produit des presses de Wenssler, qui s'est servi des mêmes caractères pour les *Epistolæ Gasparinæ Pergamensis* [3], imprimées par lui à Bâle, à une date non indiquée.

Ainsi notre typographe partage, avec Berthold Rodt de Hanau, Richel et Biel, l'honneur d'être l'un des introducteurs de l'imprimerie dans la ville de Bâle ; il se trouve ainsi

---

Grégoire le Grand, *Moralia in Job*, qui commence ainsi : *Monitum de ipso opere cujus initium : Beatus Gregorius Papa'in librum Job, petente sancto Leandro*, etc. In fine : *Explicit registru. moraliu. Gregorii Pape.* L'exemplaire de ce dernier ouvrage, qui figure au catalogue de Brienne (auct. Laire, 1791), portait cette note manuscrite d'une écriture du temps : *Hunc solvi anno MCCCCLXVIII Joseph de Vergers, præsbiter ecclesiæ Sti. Hylarii Moguntini.* Ces différents livres paraissent avoir été imprimés par Rodt, à Bâle, antérieurement à l'année 1470.

[1] *Sacshenpiegel.* In fine : *Explicit der sassen spiegel, den der erwirdige in Got vater unde herre Theodoricus von Bockstorf, Bischoff zue Nuenburg, seliger gecorrigieret hat. Basel, Bh. Richel*, 1474, in-fol.

[2] Voyez page 15 la description de cet ouvrage.

[3] V. p. 24.

un des glorieux ancêtres des Frœben et de tant d'autres imprimeurs-libraires dont l'intelligente activité devaient, au siècle suivant, faire de cette cité un des centres les plus importants du commerce des livres.

Le *Repertorium juris* de 1474 est-il réellement le premier ouvrage imprimé par Wenssler? C'est là un point difficile à vérifier, car, outre les *Epistolæ Gasparinæ Pergamensis* déjà citées et qui sont le produit de son association avec Frédéric Biel, un grand nombre de volumes, non datés, sont sortis de ses presses pendant son séjour à Bâle. Quoi qu'il en soit, sa société avec Biel ne fut pas de longue durée, car on ne retrouve pas d'autre ouvrage portant leurs deux noms réunis. Au reste, Biel ne tarda pas à quitter l'Allemagne pour se rendre en Espagne, où il fonda, dit-on, une imprimerie dans la ville de Burgos.

Wenssler ne produisit, pendant l'année 1475, aucun livre daté, mais il est infiniment probable qu'il ne resta pas inactif pendant un aussi long espace de temps, et que ses travaux consistèrent dans l'impression de plusieurs des ouvrages dont les dates ne sont pas indiquées[1].

En 1476, il édite trois traités importants. Ce sont d'abord, au mois de mai : *Clementis V constitutiones, cum apparatu Joh. Andreæ* — imprimées — *in inclita urbe Basiliensis quam non solum aeris clemencia et fertilitas agri verum etiam imprimencium subtilitas reddit famatissimam*[2]. Un mois après, c'est ce recueil qui forme la base de l'étude du droit romain, ouvrage que d'innombrables éditions et de non moins nombreux commentaires n'empêchent pas, de nos jours, d'être édité et commenté dans toutes les langues: *Justiniani imperatoris institutionum opus, cum glossa*[3].

[1] V. p. 24.
[2] V. p. 16.
[3] V. p. 16.

Enfin, après le droit romain, le droit canon, indispensable à cette époque : *Liber sextus decretalium Bonifacii*[1].

Je ne suivrai pas ici Wenssler dans sa longue carrière d'imprimeur à Bâle ; pendant un séjour de dix-sept ans dans cette ville, il entassa in-folios sur in-folios ; les titres des ouvrages sortis de ses presses nous ont été conservés pour la plupart, et j'en donne plus loin l'énumération dans un appendice.

Qu'il me suffise de dire maintenant que notre typographe resta fidèle à la *spécialité*, si je puis m'exprimer ainsi, qu'il avait adoptée au début de sa carrière. Tous les livres imprimés par lui sont en langue latine ; ils sont généralement destinés à l'étude du droit romain ou du droit canon ; il a cherché à mettre à la portée des étudiants de son temps les recueils de décrétales des papes Grégoire IX, Clément V et Boniface VIII, en les faisant expliquer par différents commentateurs. C'est ainsi que nous voyons jusqu'à six éditions de la *Nova compilatio Decretalium Gregorii Papæ IX, c. glossa Bernhardi*[2], en 1478, 1479, 1481, 1482 et 1486 ; en 1476, 1478 et 1486 paraissent les *Clementis V constitutiones, cum apparatu J. Andreæ*[3] ; en 1476, 1477 et 1486, le *Liber sextus decretalium Bonifacii Papæ VIII, cum glossa*[4] ; en 1481, 1482 et 1486, *Concordantia discordantium canonum seu decretum Gratiani cum apparatu Bartholom. Brixiensis*[5].

Les ouvrages de droit romain sortis de ses presses ont eu aussi plusieurs éditions.

Parmi les livres liturgiques, je citerai : *Liber Breviarius*

[1] V. p. 17.
[2] V. p. 18.
[3] V. p. 16.
[4] V. p. 17.
[5] V. p. 20.

secundum consuetudinem Basiliensis ecclesiæ, de 1480, et un *Graduale*, de 1488 [1].

Les traités appartenant à la classe de la théologie sont très-nombreux ; faut-il citer : *Summa de articulis fidei et ecclesiæ sacramentis*, de *sanctus Thoma de Aquino*, s. d. [2]; *Summa seu opus de virtutibus*, et *Summa seu tractatus moralis de vitiis*, de *Wilhelmus episcopus Lugdunensis* [3].

La partie littéraire du catalogue des livres imprimés par Wenssler est assurément la moins riche ; on peut signaler cependant cet ouvrage si populaire au moyen âge : *De consolatione philosophiæ*, de Boëce [4]..

Après tant de travaux accomplis à Bâle vient le moment où nous allons voir cet imprimeur commencer le cours de ses voyages ; le dernier volume, croyons-nous, qu'il ait fait paraître à Bâle est de l'année 1491 : *Armandus de declaratione difficilium terminorum tam theologie, quam philosophie ac logice* [5].

Quels sont les motifs qui engagèrent Michel Wenssler à abandonner une ville où il possédait un important établissement typographique? C'est ce que je n'ai pu découvrir ; mais ce départ et les pérégrinations accomplies par lui avec un matériel encombrant n'ont rien d'anormal, quand on se reporte à cette première période de l'histoire de l'imprimerie.

On voit fréquemment, en effet, pendant le xvᵉ siècle, des typographes changer de résidence, soit pour aller s'installer dans les villes où l'imprimerie ne fonctionnait pas encore, soit pour parcourir les villes épiscopales ou les monastères,

[1] V. p. 24.
[2] V. p. 27.
[3] V. p. 28.
[4] V. p. 25.
[5] V. p. 24.

à la recherche de travaux lucratifs, tels que l'impression de missels et de bréviaires.

Le premier imprimeur bourguignon, Pierre Metlinger [1], était aussi, au dire de M. Peignot (opuscules publiés par M. Milsand), « un de ces ouvriers typographes ambulants, qui, pour la plupart, avaient vu l'imprimerie à son berceau, soit à Mayence, soit à Strasbourg, soit à Bamberg, quittaient l'Allemagne et venaient avec leur petit bagage de caractères, de casses, de presses, offrir leurs services aux maisons religieuses et ailleurs. »

L'existence de ces imprimeurs ambulants a cependant été mise en doute par M. Auguste Bernard, dans son *Origine de l'imprimerie en Europe.* « Il n'est pas exact de dire, comme quelques bibliographes l'ont fait, dit-il, qu'il y avait autrefois des imprimeurs ambulants portant leur attirail de ville en ville, imprimant ici et là. »

M. Desbarreau-Bernard, dans une notice sur le missel d'Uzès [2], a déjà fait justice de cette assertion complétement erronée; les nombreux voyages de Wenssler démontrent, une fois de plus, combien étaient fréquents les déplacements des typographes de cette époque, malgré l'attirail encombrant de presses et de caractères dont ils devaient être embarrassés.

Toutefois, les nombreux ouvrages édités par Wenssler pendant son séjour à Bâle, avaient dû, dans ce siècle où les livres imprimés, rares encore, se vendaient cher et se plaçaient facilement, lui procurer une certaine aisance, et peut-être faut-il, comme il le dit lui-même à la fin du missel de Cluny, — *plus affectu devotionis quam lucrandi causa* [3], — attribuer à un pieux motif son voyage à Cluny.

[1] Pierre Metlinger est le premier imprimeur dijonnais. V. la note 1 de la p. 3.
[2] Bullet. du biblioph. et du bibliot. — Paris, Techner, 1874, p. 465.
[3] V. p. 29.

C'est ici, ce me semble, qu'il convient de relever une hypothèse fort hasardée, avancée par M. Deschamps, dans son dictionnaire à l'usage du libraire et de l'amateur de livres[1] : « Nous avons vu, dit-il, ce Michel Wenssler à l'histoire typographique de Bâle ; il fut le troisième imprimeur de cette ville ; nous avons omis de rapporter là ce fait curieux de son excursion à l'abbaye de Cluny ; nous ne pouvons, du reste, expliquer cette bizarrerie de l'abbé, qui a sous la main les imprimeurs de Lyon et s'en va en chercher un en Suisse ; la Bourgogne était depuis six ans une province française, et peut-être que le monastère de Cluny était resté Bourguignon dans l'âme et n'avait pu pardonner au roi de France la rapacité avec laquelle il avait étendu sa main puissante sur la plus belle des dépouilles de Charles le Téméraire. »

Que d'erreurs en quelques lignes ! Et d'abord la ville de Bâle, en 1493, n'était pas encore rattachée à la Confédération suisse ; cette union s'opéra en l'année 1501 seulement[2] ; ensuite, ce n'était pas depuis six ans, mais bien depuis seize ans (1476) que le comté du Mâconnais avait fait retour à la couronne de France ; en outre, l'abbé de Cluny, en 1493, n'était autre que Jacques d'Amboise. Est-il vraisemblable de supposer des *sympathies bourguignonnes* à un pareil personnage, quand la seule héritière de Charles le Téméraire, Marie de Bourgogne, était décédée depuis onze ans (1482) !

Le passage de Wenssler dans le Mâconnais s'explique facilement par cette particularité, ignorée de M. Deschamps, d'un voyage à Lyon. Le séjour momentané de ce typo-

---

[1] Dict. de géog. anc. et moderne à l'usage du lib. et de l'amat. de liv.— Paris, Didot, 1870, p. 330.

[2] 9 juin 1501.

graphe dans des villes peu éloignées de sa route, telles que
Cluny et Mâcon, devient alors très-naturel.

C'est en 1493, que l'artiste bâlois imprima un missel à
Cluny : *Missale Cluniacence* [1].

In fine : Reverendissimus et pater Domnus Domnus
Jacobus de Amboysia abbas præsens Missale ordinari fecit
quod tandem industriosus ingeniosusque vir magister
Michael Wenssler civis basiliensis plus affectu devotionis
quam lucrandi causa, impressit in Cluniaco, anno Domini
millesimo quadringentesimo nonagesimo tertio, die nona
mensis junii (9 *juin* 1493). In-fol. char. goth.

Cet ouvrage n'est probablement pas le seul qui ait été
imprimé par Wenssler à Cluny, car je lis, dans une ordon-
nance des définiteurs du chapitre général de l'ordre, tenu
dans cette abbaye en 1493, « que les abbés et prieurs de
l'ordre seront obligés de recevoir, proportionnellement au
nombre de leurs religieux, des psautiers et des missels
nouvellement imprimés à Cluny même. » (Ord. du 5 mai
1493, char. 459, invent. Bernard.)

Le missel est heureusement parvenu jusqu'à nous, mais,
malgré toutes mes recherches, je n'ai pu encore découvrir
le psautier dont il est question ici, et dont aucun biblio-
graphe n'a signalé l'existence [2].

Après avoir terminé ses travaux à Cluny, Wenssler vint
à Mâcon, où il imprima, le 27 mars 1493, un Diurnal.
Diurnale Matisconense.

In fine : ... Impressum in civitate Matisconesi. per

[1] V. p. 29 la description complète de ce volume.

[2] Je trouve dans Panzer, IV, 55, et dans Hain, I, 529, la mention d'un
Breviarium cluniacence, 1492, in-4°, s. l. — Le lieu de l'impression et le
nom de l'imprimeur ne sont pas indiqués. Ce Bréviaire serait-il un autre
produit des presses de Wenssler, qui se serait trouvé ainsi à Cluny dès
1492? (V. Denis suppl., p. 322; Bibl. cœnob. Ettenh.)

Michaelem Wensler.., anno Dni. MCCCCLXXXXIII, sexto idus marcy [1].

A première vue, il paraît étrange que l'impression d'un missel, à Cluny, le 9 juin 1493, ait précédé le *Diurnale Matisconense*, du 27 mars de la même année, mais il faut se rappeler que l'année commençait alors à Pâques; or, cette fête tomba le 7 avril en 1493; c'est ce qui explique comment le missel a précédé de près de dix mois le diurnal [2].

Les ouvrages imprimés par Wenssler dans le Mâconnais sont d'une insigne rareté. Les seuls exemplaires connus, peut-être, du *Missale Cluniacense* et du *Diurnale Matisconense* sont déposés, le premier à la bibliothèque de la ville de Cluny, et le second à la bibliothèque nationale, à Paris. Cet établissement a fait l'acquisition de ce volume, imprimé sur vélin, dans une vente publique faite à Lyon au commencement de ce siècle.

A partir de l'année 1493, les anciens bibliographes ne mentionnent plus l'existence de Wenssler. J'ai cherché sa trace à Lyon, dans cette ville importante où, depuis l'année 1473, plusieurs typographes avaient fait fonctionner leurs presses; mon espoir n'a pas été déçu. M. Péricaud, dans sa Bibliographie lyonnaise du XVe siècle, cite les deux ouvrages suivants, dont je donne plus loin une description complète :

106. — *Sexti libri decretalium compilatio*. — Lugd. per... Michaelem de Basilea, die I aprilis M.CCCC.XCIIII [3].

116. — *Clementis Papæ Quinti constitutiones*. — Impress. Lugd. per Michaelem de Basilea. Anno Dni M.CCCC.XCV. die vero XIII mai [4].

---

[1] V. p. 30.
[2] M. Deschamps avait signalé déjà cette particularité.
[3] V. p. 30.
[4] V. p. 31.

Ce Michel de Bâle est-il Michel Wenssler? On ne saurait
guère en douter; ces deux ouvrages rentrent absolu-
ment dans la catégorie de ceux édités par Wenssler,
le dernier même avait déjà été imprimé par lui en 1486,
j'ajouterai qu'il n'y a eu à Bâle, durant le xvᵉ siècle, qu'un
seul autre typographe ayant porté le prénom de *Michel*,
c'est Michel Furter, et ce dernier ne paraît pas avoir
jamais quitté la ville où il était établi.

Tels sont les renseignements recueillis sur ce premier
imprimeur mâconnais; ils sont malheureusement bien in-
suffisants, mais de nouvelles recherches permettront peut-
être de les compléter un jour; j'aurai voulu donner aussi
des détails biographiques sur Wenssler, mais son existence,
ainsi que celle de la plupart des typographes ses contem-
porains, se révèle seulement par un nom inscrit à la der-
nière page d'un livre, et ce nom même serait demeuré dans
l'oubli le plus profond si le hasard des voyages n'avait amené
l'industriel bâlois dans notre province; car, il faut l'avouer,
les ouvrages sortis de ses presses, recueils de décrétales,
vastes compilations de droit canon ou de droit romain,
offrent peu d'intérêt aujourd'hui; ils ne sont pas de ceux
recherchés avec tant d'activité par les bibliophiles. Aussi,
les rares exemplaires qui ont réussi à traverser les siècles
demeurent-ils ensevelis sous la poussière, dans les coins
obscurs de quelques bibliothèques de Suisse et d'Allemagne.

APPENDICE.

NOMENCLATURE

DES OUVRAGES IMPRIMÉS PAR MICHEL WENSSLER.

I

Livres imprimés à Bâle[1].

1474.

JOANNIS CALDERINI REPERTORIUM JURIS.
Opus fol. I A absque prævia sic incipit :
Hæc dictio A interdum includit ut. c. de nup. 1.
In fine : Divini ac humani juris res tam supernas quam
subternas bene disponentis repertorium dissertissimi doc-
toris Calderini *per impressum primo ydus decembris.*
M.CCCC.LXXIIII. feliciter explicit.
Partes II, 2 col. 47 f. 257 et 231 ff.
Sine loci quidem ac typographi nota, at verisimiliter
Basileæ per Michael. Wenssler char. eod. goth. quo idem
typograph. Gasparini epistolas s. a. impressit.
Sine sign. custod. pagg. num. fol.
(Maitt., p. 343. Seemiller, I, p. 57. Braun, I, p. 166.
Straus. monum., p. 115. Helmschrott, p. 21. Laire ind. I,
p. 331. Panzer, I, p. 145. Hain, II, n° 4248.)

---

[1] Les abréviations sont restituées ici d'après Maittaire, Denis, Panzer,
etc. Une note mise au bas de chaque article renvoie aux auteurs qui ont
parlé de l'ouvrage.

1476.

CLEMENTIS V CONSTITUTIONES CUM APPARATU JOH. ANDREÆ.

In fine : Anno salvatoris nostre LXXVI post M et CCCC.
VI nonas maii. ingenio et industria Michaelis Wensslers
non absque summa arte et imprimendi pericia. Completum
est hoc dignum atque celebratissimum opus Constitutionum
Clementis quinti. in inclita urbe Basiliensi. quam non solum
aeris clemencia et fertilitas agri. verum eciam imprimencium subtilitas reddit famatissimam.

Sigilla duo. Sequuntur post registr. constit. Clementis :
constitutiones Johannis XXII. Exivi, et execrabilis.

Char. goth. sine sign. cust. et pagg. num. col. 2 foll. 74
fol.

(Denis suppl., p. 60. Straus. monum., p. 121. Helmschrott,
p. 32. Laire ind., I, p. 389. Hain , II , n° 5422. Panzer, I,
p. 146.)

JUSTINIANI IMPERATORIS INSTITUTIONUM OPUS CUM GLOSSA.

Fol. I. b. Quatuor librorum Rubricæ.

Fol. 2. a. Opus incipit.

In fine : Justiniani Cesaris preclarissimum institutionum
opus in celebratissima urbe Basiliensi. quam aeris clemencia agri ubertas et hominum industria ceteris urbibus
prestantiorem facit.

Terse nitide et emandate impressum est per Michalem
Wensler, expletum denique anno nostre salutis septuagesimo
sexto post millesimum et quadringentesimum pridie kalendas augusti.

Sequuntur versus :

> Per catedras opus illud eat per pulpita celsa
> Institutorum Cæsaris eximium
> Et doctos adeat jubet insignis Basilea
> Unde sibi et Domino magnus honos rediet

Hoc studiosa manus labor ingenium Michaelis
Wenslers. Exterse impresserat et nitide
Mille quadringentos numerat sex setuagenta (sic)
Cum nostro augusti codice finis erat.

Scut. Wensleri char. goth. sine sign. cust. et pagg. num.
foll. 106. fol. max.

(Maitt., p. 364. Weisling, p. 84. Seemiller, I, p. 93.
Laire, I, p. 396. Gœtz, II, p. 529. Helmschrott, p. 33.
Panzer, I, 147. Hain, III, n° 9507.)

LIBER SEXTUS DECRETALIUM BONIFACII PAPE VIIl CUM GLOSSA.
In fine Tetrastichon :

Pressos sepe vides lector studiose libellos
Quos etiam gaudes connumerare tuis
Si fuerint nitidi, tersi, si dogmata digna
Contineant, et si littera vera, bona
Disperiam nisi invenias hæc omnia in istis
Quos pressit Wenszlers ingeniosa manus.
Nam quæcunque fuit hoc toto codice pressa
Littera, sollicito lecta labore fuit.

Insigne et celebratissimum opus Bonifacii octavii, quod
sextum decretalium appellant, in præclarissima urbe Basiliensi ingenio et arte Michaelis Wenszlers impressum feliciter est finitum, anno Domini septuagesimo sexto post
millesimum et quadringentesimum, octavo idus junii:

Insign. typog. sine sign. cust. et pagg. num. fol. mai.

(Gœtz, I, p. 340. Denis suppl., p. 60. Laire ind., I, p.
385. Panzer, I, 147. Hain, I, n° 3594.)

1477.

LIBER SEXTUS DECRETALIUM BONIFACII VIII PAPE CUM GLOSSA.
In fine, versus, qui in editione 1476 leguntur :

Pressos sepe vides lector studiose libellos, etc.

Insigne opus Bonifacii....... in præclarissima urbe Basiliensi ingenio et arte Michaelis Wenszlers impressum.......

**

anno Domini septuagesimo septimo post millesimum et
quadringentesimum, quarto ydus decembris.

Scut. typogr. char. goth. sine sign. cust. et pagg. num.
fol.

(Maitt., p. 373. Weislinger, p. 89. Freyt. adp., I, p. 433.
Panzer, I, 148. Hain, I, n° 3595.)

147?.

JUSTINIANI CÆSARIS INSTITUTIONUM OPUS CUM GLOSSA.

In fine : ...... Impressum est per Michaelem Wenslers
expletum denique. Anno nostre salutis septuagesimo octavo
post millesimum et quadringentesimum pridie kalendas
augusti.

Char. goth. sine sign. cust. pagg. num. fol.

(Maitt., p. 389. Gesner, p. 39. Panzer, I, 149.)

CONSTITUTIONES CLEMENTIS V CUM APPARATU JOH. ANDREÆ.

In fine rubro : Anno salutis nostre post M.CCCC.LXXVIII.
VI nonas may. ingenio et industria Michaelis Wensler.

Scut. typogr. char. goth. sine sign. cust. pagg. num.
foll. 77. fol. max.

(Maitt., p. 393. Gesner, p. 37. De la Vall., I, p. 326.
Masch. Beytr., p. 472. Panzer, 1, p. 149.)

NOVA COMPILATIO DECRETALIUM GREGORII PAPÆ IX CUM GLOSSA
BERNHARDI.

In fine rubro :

Anno incarnacionis dominice M.CCCC.LXXVIII. XIII. kl.
septembr. — in nobili urbe Basilea — non atramentali penna
cannave. sed arte quadam ingeniosa imprimendi cuncti po-
tenti aspirante Deo Michahel Wenszler suis consignando
armis feliciter consummavit.

Scuta Wensleri. char. goth. sine sign. cust. pagg. num.
foll. 304. fol.

(Maitt., p. 389. Weislinger, p. 100. Masch. Beytr., p. 463. Helmschrott, p. 43. Laire ind., I, p. 441. Panzer, I, 149.)

AUTHENTICÆ SEU NOVELLÆ CONSTITUTIONES ET TRES LIBRI CODICIS JUSTINIANI IMPERATORIS CUM COMMENTARIIS.

In fine «Anno incarnationis dne. M CCCC.LXXVIII. III kalendis decembris — in nobili urbe Basilea — non atramentali penna cannave. Sed arte quadam ingeniosa imprimendi cunctipotenti aspirante Deo Michael Wenssler, suis consignando scutis, feliciter consummavit.

Scuta typogr. char. goth. sine cust. sign. pagg. num. foll. 301. fol. mai.

(Denis suppl., p. 92, n° 627, it., p. 93, n° 651. Weisl., p. 101. Braun, I, p. 197. Straus. monum. p. 137. Panzer, I, p. 150. Helmschrott, p. 42.)

1479.

S. AUGUSTINI DE CIVITATE DEI LIBRI XXII CUM COMMENTARIIS THOMÆ VALOIS ET NICOLAI TRIVETH.

In fine : — In urbe Basilien. — ingenio et industria Michaelis Wensler. anno salutis nostræ post M. et CCCC.LXXIX. VIII. kl. aprilis.

Scut. typogr. char. goth. sine sign. cust. pagg. num. fol. mai.

(Maitt., p. 396. Weisling., p. 115. Seemiller, II, p. 36. Laire ind., I, p. 453. Helmschr., p. 47, Panzer, I, p. 150.)

MICHAELIS DE CARCHANO MEDIOLANENSIS SERMONARIUM TRIPLICATUM.

In fine : — Impressum vero Basilee per Michahelem Wensler artis impressorie ingeniosum magistrum, quarto kal. junii. anno M.CCCC.LXXIX. feliciter consummatum.

Char. goth. min. sine cust. pagg. num. et sign. foll. 272. fol.

(Maitt., p. 401. Helmschrott, p. 47. Laire ind., I, p. 461.)

CASUS SUMMARII LIBRORUM DECRETALIUM SEXTI ET CLEMENTI-
NARUM.

In fine : — Arte et ingenio Michaelis Wenslers Basilee
impressus exactissimaque diligentia ibidem correctus et
emendatus anno a navitate Domini post millesimum et
quadringentesimum septuagesimo nono octavo kalendas
septembris feliciter est consummatus.

Char. goth.

(Maitt., p. 402. Denis suppl., p. 103. Weisling., p. 118.
Panzer, I, 451.)

DECRETALES GREGORII PAPE IX.
Basileæ 1479. fol.
(Maitt., p. 401. Panzer, I, 151.)

1480.

LIBER BREVIARIUS SECUNDUM CONSUETUDINEM BASILIENSIS
ECCLESIÆ.

In fine : — Arte et ingenio Michaelis Wensler. Basilee
impressus. anno Domini. M.CCCC.LXXX. IV nonas junii.
Feliciter finitus.

Char. goth. in-4°.

(Maitt., p. 414. Denis suppl., p. 116. Panzer, I, 151.)

1481.

DECRETALES GREGORII PAPÆ IX CUM GLOSSA BERNHARDI.

In fine : — Anno incarnacionis dne. M.CCCC.LXXXI.
ydibus marciis — in nobili urbe Basilea — non atramentali,
etc. — Michael Vensler.

Scut. typogr. char. goth. fol.

(Maitt., p. 777. Bibl. Auspac. Panzer, I, 152.)

CONCORDIA DISCORDANTIUM CANONUM, SEU DECRETUM GRATIANI
CUM APPARATU BARTHOLOM. BRIXIENSIS.

In fine rubro :

Anno dominice incarnacionis. M.CCCC.LXXXI. XIIII kl. séptembris — in nobili urbe Basilea — non atramentali, etc. — Michael Wensler.

Scut. typogr. char. goth. sine cust. et pagg. num. fol. mai.

(Maitt., p. 425. Schwarz, II, p. 185. Panzer, I, p. 152.)

DIRECTORIUM ECCLESIASTICUM SIVE MODUS ET ORDO ORANDI SECUNDUM RITUM ET MOREM ECCLESIÆ CONSTANTIENSIS.

In fine : — Arte et ingenio Michaelis Vensler Basilcæ impressus. Anno a navitate Domini M.CCCC.LXXXI. die 3 mensis decembris finit feliciter.

(Denis suppl., p. 132. Weisling., p. 217. Panzer, I, p. 153.)

1482.

DECRETALES GREGORII PAPÆ IX. CUM GLOSSA BERNHARDI.

In fine : Anno incarnationis dnice. M.CCCC.LXXXII. ydibus marcii — in nobili urbe Basilea — non atramentali, etc. — Michael Wensler.

Scut. Wensler. char. goth. cum sig. fol. mai.

(Maitt. ind., 1, p. 457. Straus. monum., p. 157. Bibl. P. Nor. Panzer, I, 155.)

CONCORDIA DISCORDANTIUM CANONUM SEU DECRETUM GRATIANI CUM APPARATU BARTHOLOMEI BRIXIENSIS.

In fine : Anno dnice. incarnationis M.CCCC.LXXXII. nonis septembribus — in nobili urbe Basilea — non atramentali, etc. — Michael Vensler.

Char. goth. cum sign. fol. mai.

(Maitt., p. 434. Schitzer, III, p. 37. Bibl. Anspac. Panzer, I, 155.)

***

DIRECTORIUM ECCLESIASTICUM SIVE MODUS ET ORDO ORANDI SECUNDUM RITUM ET MOREM ECCLESIÆ CONSTANTIENSIS.

In fine.: — Arte et ingenio Michaelis Wenssler. Basilee impressus — M.CCCC.LXXXII. idus decembris. finit feliciter.

(Bibl. Heidegger. Panzer, I, 155.)

1486.

DECRETUM GRATIANI CUM APPARATU BARTHOLOMÆI BRIXIENSIS.

In fine : Anno dominice incarnationis M.CCCC.LXXXVI. kl. septembribus — in nobili urbe Basilea — non atramentali, etc. — Michael Wensler.

Char. goth. cum sign. fol.

(Maitt., p. 476. Weisling. p. 359. Bibl. Anspac. Panzer, I, p. 157.)

GREGORII IX PONTIF. MAX. DECRETALIUM NOVA COMPILATIO UNA CUM APPARATU BERNHARDI.

Basileæ per Michael-Wenssler. 1486.

Fol.

(Cat. bibl. Beck., p. 26. Panzer, I, 157.)

BONIFACII VIII LIBER SEXTUS DECRETALIUM CUM ADPARATU JOHANNIS ANDREÆ.

In fine fol. CXXXIX : — Basilee impressus per Michaelem Weusler. Anno salutis christiane millesimo quadringentesimo octuagesimo sexto.

Char. goth. cum sign. et foll. num. foll.

(Maitt., p. 481. Bibl. Anspach. Panzer, I, 157.)

DECRETALES GREGORII IX — UNA CUM APPARATU.

Incipit fol I. Compilatio decretalium Gregorii IX.

In fine fol. CCCXVII. b. Nova decretalium compilatio Gregorii IX, impressa Basilee impensa atque diligentia Mi-

chaelis Wenssler. Anno salutis christiane millesimo qua-
dringentesimo octuagesimo sexto feliciter finit.
Fol. char. goth.
(Panzer, II, 314.)

CONSTITUTIONES CLEMENTIS PAPÆ. UNA COMMENTIS JOHANNIS
ANDREÆ.

In fine fol. LXIX : Opus Clementinarum industria Mi-
chaelis Wensler Basilee impressum finit feliciter anno salu-
tis millesimo quadringentesimo octuagesimo sexto.
Sequuntur Decretales extravagantes.
Char. goth. cum sign. et foll. num. fol.
(Bibl. Anspac. Helmschrott, p. 81. Panzer, I, 158.)

ANDREÆ BUTTERII (AL. GUTTERII) CESABINI GRAMMATICA EX
ALEXANDRI ET ALIORUM PRECEPTIS CONTEXTA.
Elaborata in officina Michaelis Wensler Basileæ 1486.
fol.
(Maitt., p. 475. Bibl. cœnob. Cremisan. Panzer, I, p. 158.)

ALEXANDER (GRAMMATICUS) CUM COMMENTO.
In fine : Impressus (typis Michaelis Wensleri) Basileæ.
Anno Domini millesimo quadringentesimo octuagesimo
sexto.
Char. goth. mai. et minusc. litter. init. lign. incis. sine et
pagg. num. fol.
(Maitt., p. 475. Panzer, I, 158.)

PETRI COMESTORIS HISTORIA SCHOLASTICA.
In fine : Impressa Basilee (typis, ut videtur, Michaelis
Wensleri) anno Domini M.CCCC.LXXXVI. finita post festum
Katherine.
Char. goth. sine cust. et pagg. num. col. 2. foll. 223. fol.
min.
(Maitt., p. 477. De la Vall., I, p. 30. Bibl. P. Nor. Panzer,
I, p. 158.)

1487.

Justiniani Imperatoris codex.

Basileæ per Michaelem Wensler. 1487. fol. mai.

(Denis suppl., p. 221. Au est forte editio anni 1478? Panzer, I, p. 159.)

1488.

Graduale.

In fine : Anno a partu virginis millesimo quadringentesimo octuagesimo octavo quarto idus marcii — Basilcæ finitum est hoc opus preclarum et in urbe prenominata impressum — per Mich. Wenssler et Jacob Kilchen (Kirchen).

C. insigni. in-4°.

(Bibl. Buxheim. Panzer, I, p. 161.)

1491.

Armandus de declaratione difficilium terminorum tam theologie quam philosophie ac logice.

In fine : — Impensis Michaelis Wensler. In urbe Basileorum diligentissime elaboratum finitum est feliciter anno Christianissimi partus. post millesimum quaterque centesimum nonagesimo primo, kalendis aprilibus.

Char. goth. 34 l. 190 ff.

(Maitt., p. 542. Braun, II, p. 218. Seemiller, IV, p. 23. Panzer, I, p. 169. Hain, I, n° 1794.)

II

Livres imprimés à Bâle à des dates non indiquées.

Gasparini Pergamensis epistolæ.

Fol. I. b. sequentes versus leguntur :

> Quos legis, unde tibi si queras forte libelli
> Mittantur. pressos dat Basilea scias :
> Hanc facit egregiam Rheni numquam moritura
> Fama. simul studii gloria cara fui

Terra ferax pecorum, Cerere et Bachoque referta
Est tamen hoc aliquid. Associasse sibi
Artem pressuro quanquam moguncia sinxit
E limo traxit hanc Basilea tamen
Littera quecunque est hoc toto codice pressa
Mendas nec habuit dictio crede mihi
Ars solet interdum nature vincere vires
Et pedibus fame jungere sepe pedes
Gasparine tuas laudes post tristia fata
Pressaes (sic) (Pressores) nostri per celebres faciunt
Nomina si cupias Michahel cognomine Weussler
Huic operis socius Biel Fridericus erat [1]
Mittimur in totum decus insignis Basilee
Orbem. Qui parvus non sumus urbis honor.

Fol. 2. a.

Gasparini Pergamensis clarissimi oratoris, epistolarum
liber fœliciter incipit, etc.

Fol. 60. a :

Felix eplarum Gasparini finis.

Char. goth. sine custod. sign. et pagg. num.

Lin. 30. 60 ff. fol.

(Maitt., p. 746. Laire ind., I, p. 134. Panzer, I, 194.
Hain, I, n° 2675.)

BOETIUS DE CONSOLATIONE PHILOSOPHIÆ.

In fine : Finit liber bohecii de consolatione philosophiæ.

Char. goth. cod. sine custod. sign. et pagg. num. lin. 30
foll. 52. fol. min.

(Laire ind., p. 102. Helmschr., II, p. 21. Panzer, I, 194.
Hain, I, n° 3355.)

S. LEONIS I PAPÆ SERMONES.

In fine fol. 152. b. lin. 30 :

Expliciunt sermones Leonis papæ.

Char. goth. quo Weussler Instit. Justin. 1476 impressit.

---

[1] Nomen Friderici Biel non amplius occurrit. Putant hunc typographum
ad Hispaniam migrasse et Burgis impressisse.

Sine sign. cust. et pagg. num. fol.

(Bibl. P. Nor. Braun, I, p. 56. Helmschr., II, p. 24. Panzer, I, 194. Hain, III, n° 10014.)

ALBERTI MAGNI LIBER DE LAUDIBUS MARIÆ.

In fine fol. 189 b : Explicit tractatus de laudibus glorio-sissimæ genitricis Mariæ semper virginis famosissimi sacre pagine interpretis dni. Alberti magni de laugingen radispa-nen. episcopi nec non predicatorum ordinis professoris celeberrimi.

Char. eod. goth. sine sign. cust. et pagg. num. lin. 34 fol.

(Bibl. P. Nor. Laire ind., I, p. 78. Panzer, I, 195. Hain, I, 462.)

TRACTATUS DE MODO PERVENIENDI AD VERAM ET PERFECTAM DEI ET PROXIMI DILECTIONEM A CARTHUSIANO QUODAM EDITUS.

In fine nulla subscriptio.

Char. eod. goth. sine cust. sign. et pagg. num. lin. 25 foll. 124. in-4°.

(Braun, p. 57. Seemiller, I, p. 154. Denis suppl., p. 530. Helmschr., II, p. 22. Panzer, I, 194.)

VOCABULARIUS UTRIUSQUE JURIS.

Char. eod. goth. sine sign. cust. et pagg. num. col. 2 lin. 46 foll. 159. fol. max.

(Braun, p. 57. Helmschr., II, p. 23. Laire ind., I, p 332. Panzer, I, 195.)

JOHANNIS NIDER ORD. PRÆDIC. MANUALE CONFESSORUM.

Char. eod. goth. sine sign. cust. et pagg. num. lin. 34. foll. 52. fol.

(Braun, p. 58. Helmschr., II, p. 22. Panzer, I, 195.)

JOHANNIS NIDER ORD. PRÆDIC. TRACTATUS DE MORALI LEPRA.

Char. eod. goth. sine sign. cust. et pagg. num. fol.

(Helmschr., II, p. 23. Laire ind., I, p. 159.)

BEATI CYRILLI EPISCOPI SPECULUM SAPIENTIÆ.

Char. eod. goth. sine sign. cust. et pagg. num. lin. 34
foll. 61. fol.

(Bibl. P. Nor. Seemiller, II, p. 165. Denis suppl., p 549.
Helmschr., p. 23. Straus monum., p. 31.)

EXPOSITIO VENERABILIS MAGISTRI HEINRICI DE HASSIA SUPER
DOMINICAM ORATIONEM.

Char. eod. goth. sine sign. cust. et pagg. fol.

(Bibl. P. Nor. Seemiller, I, p. 155. Denis suppl., p. 581.
Helmschr., p. 23.)

EXPOSITIO HENRICI DE HASSIA SUPER AVE MARIA.

Char. eod. goth. foll. 5. fol.

(Bibl. P. Nor. Seemiller, p. 155. Denis suppl., p. 181.
Helmschr., II, p. 23.)

INCIPIT EXPOSITIO BEATI AUGUSTINI EPISCOPI SUPER SYMBOLUM.
SEQUITUR SERMO BEATI AUGUSTINI EPISCOPI SUPER ORATIONEM DO-
MINICAM.

Char. eod. foll. 5. fol.

(Bibl. P. Nor. Seemiller, I, p. 155. Helmschr., II, p. 23.
Panzer, I, 195.)

INCIPIT SUMMA EDITA A SANCTO THOMA DE AQUINO DE ARTICULIS
FIDEI ET ECCLESIÆ SACRAMENTIS.

Char. eod. goth. foll. 19. fol.

(Bibl. P. Nor. Seemiller, I, p. 155. Denis suppl., p. 678.
Helmschr., II, p 23. Laire ind., II, p. 204. Panzer, I, 195.)

WILHELMI EPISCOPI LUGDUNENSIS SUMMA SEU OPUS DE VIRTU-
TIBUS.

Char. eod. goth. sine cust. sign. et pagg. num. lin. 34.
fio.

(Bibl. P. Nor. Denis suppl., p. 695. Panzer, I, 195.)

WILHELMI EPISCOPI LUGDUNENSIS SUMMA SEU TRACTATUS MORALIS DE VITIIS.

Char. cod. goth. sine sign. cust. et pagg. num. lin. 34 fol.

(Seemiller, I, p 154. Denis suppl., p. 693. Helmschr., p. 24. Panzer, I, 195.)

S. THOMÆ DE AQUINO. ORD. PRÆDIC. TERTIA PARS SUMMÆ.

Fol. I a sine prævia notitia sic incipit :

Quia salvator noster Dominus ih'us. Xrus., etc.

Terminatur fol. 265 b, lin. 36 :

Cui subnexum est : et sic est finis, etc.

Sequitur questionum index foll. 5.

Char. eod. goth. sine sign. cust. et pagg. num. col. 2. lin. 46. foll. 270 fol.

(Braun, I, p, 57. Laire ind., I, p. 200. Panzer, I, 265.)

PROBÆ FALCONIÆ CENTO VIRGILIANUS.

Incipit : Isidorus in cathalogo illustrium virorum. Proba uxor Adelphi, etc.

Char. eod. goth. sine sign. cust. et pagg. num. pag. ult. 25 lin. fol.

(Laire ind., I, p. 130. Denis suppl., 643 ubi Zeinero Ulmensi ex conjectura datur.)

HIERONIMI DE VALLIBUS JESUIDA SEU VITA CHRISTI.

Terminatur :

Cum aliquot versibus in proverbia Salomonis.

Fol. 10 b. expliciunt pverbia. Salomonis.

Char. eod. goth sine sign. cust. et pagg. num. lin. 30 fol.

(Laire ind., I, p. 203 sq. Panzer, I, 265.)

III

Ouvrages imprimés dans le Mâconnais.
1493.

CLUNY.

MISSALE CLUNIACENCE.

Le volume s'ouvre par un calendrier qui occupe six pages.

Le missel commence ainsi au 1ᵉʳ feuillet :

Missale ordinis Cluniacesis. ‖ ex antiquioribus et auteticis. ‖ exemplarib. sacti. monasterii ‖ Cluniacen. diligetissime. emen ‖ datu. cu. novis certis officiis ‖ per sacrosancta. Romana. eccle‖siam approbatis et institutis. ‖ Incipit feliciter. Dominica ‖ prima advent. dni. Introit.

A la fin du dernier feuillet (328 verso) :

Reveredissim. pater et domnus domn. Jacobus de Amboysia‖abbas sacri monasterii Cluniacens. de consilio Reveredi. patris. ‖ domni Anthonii de rupe decretor. doctoris Maioris Cluniaces. ‖ Mortuaque. ac charitatis prioratuu. prioris dignissimi. cetero‖rumq. reveredor. patru. Senior. et domnor. per multa tempora in‖regula sanctissimi pris. et legislatoris nri. Benedicti. et sedm. dicti ‖ monasterii approbata statuta exercitatoru: presens missale ordi ‖ nari fecit. Quod tande. industriosus ingeniosusq. vir Magister ‖ Michael Wenszler civis basilien. plus affectu devotiois. q. lucra ‖ di causa impressit in Cluniaco. Anno dni. millesimo quadringe‖tesimo. nonagesimo tertio. die nona mensis junii.

In-fol., car. goth. roug. et noirs, 2 col., 6-328 feuillets.

Le feuillet 157, verso, est rempli par une gravure sur bois représentant N. S. sur la croix.

MACON.

DIURNALE MATISCONENSE.

Au verso du dernier feuillet :

Explicit compendiu. diurni sed'm. ordi || nem ecclesie
sancti Vincetii. Matiscone || sis. Magna cu. diligetia. revi-
sum. fideliterq. || emedatu. et impressum, in civitate || Matis-
conesi. per Michaelem Wensler || de Basilea. Impesis. honesti
viri..... || Mercator. Matiscon. Anno || Dni. M.CCCC.LXXXXIII.
sexto idus Marcy.

Pet. in-8° goth. impr. en rouge et noir, de xv-375 ff., à
27 lignes par page. (Sur vélin à la Bibliothèque nationale.)

IV

Livres imprimés à Lyon [1].

1494.

SEXTI LIBRI DECRETALIUM COMPILATIO || ILLUSTRATA LUCUBRA-
TIONIB. ET ADDITA ME || TIS CLARISSIMI UTRIUSQ. IURIS DOCTORIS ||
HIERONYMI CLARII BRIXIANI CU. SUMMU || LIS ET DIVISIONIBUS DNICI.
DE SANCTO GE || MI ET ALIORUM IN LOCIS UBI DESUNT SUM || MARIA.
Jo. AN.

Le volume s'ouvre par une *Tabula omnium rubricarum*
qui occupe le verso du premier feuillet et le recto du second.

En second lieu (verso du second feuillet et la totalité du
troisième) est une instruction *circa lecturam arboris con-
sanguinitatis et arboris affinitatis.*

[1] Les deux ouvrages imprimés par Michel de Bâle (Michel Wenssler), à
Lyon, en 1494 et 1495, n'avaient jamais été décrits complétement. M. Péricaud, dans sa *Bibliographie lyonnaise du* xv° *siècle*, les avait bien
signalés déjà, mais d'une façon fort abrégée (n°ˢ 106 et 116). La description que j'en donne ici m'a été très-obligeamment fournie par M. le Conser-
vateur de la bibliothèque de la ville de Besançon, d'après les exemplaires
(les seuls connus peut-être) qui sont conservés dans ce riche dépôt.

Vient ensuite le *Prohemium*, qui occupe le 4ᵉ feuillet et la moitié du recto du 5ᵉ.

La fin de l'ouvrage est annoncée en ces termes :

Finis. || Lugduni. p. magistru. Michaelem de Basilea. die || I aprilis. M.CCCC.LXXXXIIII. || Registru. A, B, C. d, e, f, g, h, i, k, l, m et n. omnes || sunt quaterni.

Toutes les pages sont imprimées en caractères gothiques sur deux colonnes ; tous les titres sont en rouge.

CIIII ff. 13 cahiers, haut. 49 centim., larg. 20 centim. Les feuillets sont groupés par cahiers de 8, dont les 4 premiers sont marqués en bas d'une lettre minuscule suivie de chiffres romains. Ils sont, en outre, numérotés en haut, sur chaque recto, par des chiffres en majuscules romaines.

1495 [1].

INCIPIUT. CONSTITUTONES. CLEMEN || TIS PAPE QUINTI UNA CUM APPARATU DO || MINI JOHANNIS ANDREE.

In fine : Finis || Impressum Lugduni p. Michaelem de Basilea. Anno Dni. M.CCCC.XCV, die, vero, XIII. may.

Mêmes dispositions typographiques et dimensions que l'ouvrage précédent.

Le premier feuillet, non chiffré, est blanc ; le dernier est chiffré LVII.

Le feuillet XLVIII (h. II) est suivi d'un feuillet chiffré LV (h. III), et les deux feuillets suivants sont chiffrés LVI et LVII.

---

1 Dans l'exemplaire de la bibliothèque de Besançon, ce second volum est relié à la suite du premier.

Note sur l'établissement définitif de l'Imprimerie à Mâcon.

Après le départ de Michel Wenssler, près de deux cents ans s'écoulèrent avant qu'un typographe vînt s'installer d'une façon définitive à Mâcon.

Durant le xvi° siècle et la première moitié du xvii°, les auteurs mâconnais furent peu nombreux, et, du reste, la plupart d'entre eux étaient appelés par leurs fonctions à résider loin de leur ville natale. C'est ainsi que nous voyons les Dumoulin, Bugnyon, Boton et autres écrivains, se servir des presses parisiennes et lyonnaises.

D'un autre côté, le voisinage de Lyon offrait trop de facilités à l'évêque, au clergé, aux Etats du Mâconnais et à la municipalité de la ville, pour que l'établissement d'une presse, dont l'usage était alors assez restreint, fût, de bonne heure, une nécessité. Aussi, ne sommes-nous pas étonnés d'être obligés d'arriver à l'année 1663 [1] pour trouver l'imprimerie fixée enfin à Mâcon. A partir de cette époque, cette industrie n'a pas cessé d'y être exercée.

Personne n'a songé encore à faire connaître les différents typographes qui se sont succédé sans interruption depuis

---

[1] Nous citons plus loin l'*Usage de Bresse*, de Revel (édition de 1663), comme le plus ancien livre imprimé, à cette époque, à Mâcon. Nous avons lieu de croire cependant que d'autres ouvrages avaient déjà paru dans cette ville, mais nos renseignements ne sont pas encore assez précis pour que nous puissions les donner ici,

le xviie siècle jusqu'à nos jours. Seul, M. Lacroix, dans une note intéressante insérée aux *Annales* de l'Académie de Mâcon (1875, t. XIII, p. 127 et s.), a apporté quelques matériaux pour cette étude; qu'il nous soit permis de fournir, à notre tour, des documents puisés à des sources originales.

I.

SIMON BONARD, IMPRIMEUR ET MARCHAND LIBRAIRE.

1663?-1682.

Simon Bonard est le premier imprimeur mâconnais au xviie siècle; le plus ancien livre sorti de ses presses, que nous connaissions, est de 1663.

En 1680, il maria sa fille, Anne Bonard, avec Robert Piget, fils de Simon Piget, libraire à Paris. Nous lisons dans le contrat de mariage, en date du 26 février 1680, que la dot de la jeune fille se composait : « d'une somme de 2,000 fr., et, en outre, de la moitié de tout le fond de l'imprimerie et de ce qui sert à la reliure; et l'imprimerie, ainsi que le tout, est délaissé sans aucune réserve, toutefois, sous condition que lesdits sieurs Bonard et Piget travailleront ensemble, tant à la boutique qu'à l'imprimerie qu'ils entretiendront à frais communs, ainsi que les presses, les gains partagés par moitié[1]. »

Simon Bonard eut quatre enfants : Anne, mariée à Robert Piget; Jean, devenu plus tard imprimeur, Reyné et Henriette, dont nous ne connaissons pas le sort[2].

Ce typographe mourut en 1682[3]; son association avec son

[1] V. Archives comm. de Mâcon, II, 6.
[2] V. Arch. comm. de Mâcon, II, 6, acte du 5 septembre 1698.
[3] V. Arch. comm. de Mâcon, GG, 55, reg. paroisse de Saint-Pierre, enterr. de Simon Bonard, du 12 octobre 1682.

gendre dura donc deux ans et demi, mais, malgré cette société, les livres, depuis 1680, continuèrent à porter le seul nom de Bonard[1].

Voici les titres de quelques ouvrages imprimés par lui :

L'usage des pays de Bresse et de Bugey, leurs statuts, stil et édits..... par maistre Charles Revel, avocat en Parlement. A Mascon, chez Simon Bonard, imprimeur de la ville et marchand libraire. MDCLXIII, in-4°, 13 ff. non num. et 316 p.[2]

Il imprima la même année :

L'Office de la Semaine-Sainte, selon le missel et bréviaire romain, avec la concordance du missel et bréviaire de Paris, de la traduction de M. de Marolles. Ensemble les explications des sacrez mystères représentez par les cérémonies de cet office, par Fr. Daniel de Cigongne, de l'ordre de Saint-François. A Mascon, chez Simon Bonard, imprimeur et marchand libraire. MDCLXIII, in-8°, 770 p. *A la fin :* Achevé d'imprimer le 3 septembre 1663[3].

En 1664 paraissent :

Les questions pratiques sur l'usage des pays de Bresse et de Bugey. Seconde partie, à Mascon, chez Simon Bonard, MDCLXIV, in-4°[4].

En 1666, seconde édition de l'*Usage de Bresse*[5].

Je ne veux pas énumérer tous les ouvrages édités par Bonard, mais je citerai encore :

Officia propria festorum ecclesiæ Matisconensis ad formam officii Romani redacta. Auctoritate Reverendissimi in Christo Patris, et Domini D. Michaelis Colbert, episcopi

[1] V. Arch. comm. de Mâcon, II, 6.
[2] Bibl. de la ville de Mâcon.
[3] Bibl. de M. Fr. Dupasquier, à Mâcon. Ouvrage non encore cité.
[4] Bibl. de M. Gloria, à Mâcon. Ouvr. non cité.
[5] M. Lacroix a donné déjà la description de ce volume. V. Annales de l'Ac. de Mâcon, 1876, p. 128.

Matisconensis. Matiscone, typis Simonis Bonard, bibl. MDCLXXV, in-8°[1].

Enfin, les deux premiers ouvrages de Brice Bauderon :

La Gyvre mystérieuse, ou explication de la famille de M. Colbert, Mâcon, Bonard, 1680, in-8°[2].

*L'Apollon français, ou le parallèle des vertus héroïques de Louis le Grand, XIV*e *du nom, avec les propriétez et les qualitez du Soleil.....* Mascon, chez Simon Bonard, 1681, in-12[3].

II.

ROBERT PIGET. — 1682-1690.

Robert Piget était associé avec son beau-père Simon Bonard depuis le 26 février 1680. Au décès de ce dernier, en 1682, il prit la direction des affaires et les livres portèrent son nom.

Jean Bonard[4], son beau frère, l'aida dans ses travaux.

Cette société dura probablement jusqu'à la mort de Piget, arrivée en 1690[5].

Ce typographe laissa une fille, Louise, née le 16 décembre 1689.

Il a édité d'assez nombreux volumes. Parmi eux, on peut citer trois curieux ouvrages de Brice Bauderon :

En 1684, une seconde édition de l'*Apollon français*[6].

En 1685 : *Les Harangues de maître Brice Bauderon, seigneur de Sennecey, ancien lieutenant général au bail-*

[1] Bibl. de M. Gloria, à Mâcon. Ouvr. non cité.

[2] Voir Papillon, Bibl. des aut. de Bourg., au mot *Bauderon*.

[3] Id.

[4] V. Arch. comm. de Mâcon, II, 6.

[5] V. Arch. comm. de Mâcon, GG, 61, par. Saint-Pierre, enterr. du 18 décembre 1690.

[6] Bibl. de l'Académie de Mâcon.

liage du Mâconnais et siége présidial de Mâcon. A Mâcon, chez Robert Piget, imprimeur et marchand libraire de la ville, du collége et du clergé. MDCLXXXV, avec privilége du roy. Un vol. in-4°, 10 f. prél. et 548 p.[1].

En 1687, *Le Coq royal ou le blason mystérieux des armes de Monseigneur Boucherat, chancelier de France*. A Mascon, chez Robert Piget, imprimeur et marchand libraire de Monseigneur l'Evêque et de la ville, 1687. Un vol. in-12, 10 ff. prél. 142 p. et 1 f. p. la permission[2].

La même année : *Pièces de poésie et d'éloquence, sur le sujet des prix proposés par Messieurs de l'Académie d'Angers en l'année 1687, par Monsieur Magnin, ancien conseiller au bailliage et siége présidial de Mâcon, de l'Académie royale d'Arles*. A Mâcon, chez Robert Piget, 1687. Un vol. in-12, 84 p.[3]

III.

ANNE BONARD, VEUVE PIGET, ET JEAN BONARD.

1690-1693.

Après la mort de Robert Piget, sa veuve continua à exercer la profession d'imprimeur.

Jean Bonard, son frère et son associé, épousa, le 14 avril 1692, Marie Descombes[4]; l'année suivante, le 14 septembre 1693[5], Anne Bonard épousait en secondes noces Jean-Adrien Desaint.

[1] V. Papillon. — Bibl. de M. Gloria.
[2] Id.
[3] Bibl. de M. Gloria. Ouvr. non cité.
[4] V. Arch. comm. de Mâcon, G G, 63, par. Saint-Pierre.
[5] V. Arch. comm. de Mâcon, G G, 64, par. Saint-Pierre.

IV.

JEAN-ADRIEN DESAINT. — 1693-1740.

J.-A. Desaint appartenait à une nombreuse famille, qui a fourni des typographes à plusieurs villes[1]. Jusqu'en 1703, il eut pour associé son beau-frère, Jean Bonard, mais, à cette époque, il fut nommé seul imprimeur de la ville de Mâcon[2].

En 1695, devenu veuf, il épousa Marguerite Cadot, dont il eut un enfant qui reçut le prénom de Jean.

En 1740[3], en suite de l'arrêt du conseil du roi, du 31 mars 1739, qui fixait le nombre des imprimeurs dans le royaume, il fut maintenu comme seul imprimeur à Mâcon; il ne survécut pas longtemps à cette décision, car la date de son décès est du 12 décembre 1740; il avait 75 ans[4].

Jean-Adrien Desaint exerça sa profession à Mâcon, pendant près de quarante-huit années. Pendant sa longue carrière, il édita un nombre considérable d'ouvrages; citons seulement :

Ce livre que son titre étrange a surtout fait connaître : *Cacocephalus, sive de plagiis opusculum, in quo varia plagiatiorum vitia produntur et ingenuorum operum jura, ex prophanis sacrisque Authoribus vindicantur. Authore R. P. J. S. (Salier). Matiscone, apud Joan.-Adrian. Desaint, Typographum et Bibliopolam.* MDCXCIV, un vol. in-12, 127 p.[5]

---

[1] A Dijon particulièrement.
[2] Arch. comm. de Mâcon, BB, 154. Cette nomination est mentionnée à la table, mais le feuillet correspondant a été enlevé du registre.
[3] Arch. comm. de Mâcon, BB, 191. M. Lacroix a reproduit cet arrêt, Ann. de l'Ac. de Mâcon, 1876, p. 129 et s.
[4] Par Saint-Pierre.
[5] Bibl. de M. Gloria.

Et, en 1720, la première édition des *Noëls mâconnais*, plaquette devenue rare.

Bauderon de Sennecé fit imprimer chez Desaint la *Paraphrase des Psaumes de David*. Mâcon, Desaint, 1722, in-4°.

V.

MARGUERITE CADOT, VEUVE DE JEAN-ADRIEN DESAINT.

1740-1743.

La veuve de J.-A. Desaint dirigea l'imprimerie pendant trois années ; elle mourut le 16 février 1743, et son fils, Jean Desaint, prit la suite des affaires.

VI.

JEAN DESAINT. — 1743-1755.

Jean Desaint avait épousé Marguerite Desgranges ; un fils, qui reçut le prénom de Gilbert, naquit de cette union le 19 janvier 1742[1].

En 1743, il fut reçu imprimeur à la place de sa mère[2]. Depuis les arrêts du conseil du roi des 21 juillet 1704 et 31 mars 1739, des examens difficiles et des formalités nombreuses étaient exigés des candidats à la profession de typographe. Parmi les innombrables pièces produites par Jean Desaint à l'appui de sa demande, nous remarquons :

Cinq certificats de capacité délivrés par des imprimeurs de

[1] Arch. comm. de Mâcon, G G, 73, par. Saint-Pierre.
[2] Arch. comm. de Mâcon, B B, 194.

Paris, les sieurs Claude Hérissant, Préault, Vincent, Coignard et Simon; un certificat d'études du préfet du collége des Jésuites de Mâcon et cinq autres attestations des directeurs de l'Hôtel-Dieu, du syndic du diocèse, des élus des trois ordres des Etats provinciaux, des maire et échevins, enfin du procureur du roi, tous établissant que le postulant était capable de bien remplir ses fonctions.

Jean Desaint exerça sa profession pendant deux années; il mourut, le 28 septembre 1755, à l'âge de 59 ans [1].

Parmi les ouvrages sortis de ses presses, on peut citer : *Catéchisme du diocèse de Mâcon, publié par Messire Henry Constance de Valras, évêque de Mâcon. A Mâcon, chez Jean Desaint, seul imprimeur. MDCCXLVII, 364 p., plus 2 ff. pour le privilége* [2].

VII.

MARGUERITE DESGRANGES, VEUVE DE JEAN DESAINT.

1755-1757.

En 1757, elle épousa Jean-Philippe Goery [3].

VIII.

JEAN-PHILIPPE GOERY. — 1757-1793.

Goery fut le dernier typographe mâconnais avant la Révolution. Après son mariage, en 1757, il fut reçu seul imprimeur de la ville.

[1] Arch. comm. de Mâcon, GG, 73, par. Saint-Pierre.
[2] Bibl. de M. Gloria.
[3] Paroisse Saint-Pierre, 21 novembre 1757.

Le rapport sur les imprimeries, fait à M. de Sartines en
1764, nous apprend qu'il n'employait que deux presses qui
suffisaient amplement aux besoins des impressions de
l'évêque, des Etats du Mâconnais et de la municipalité[1].

La fin de sa carrière fut très-agitée ; une foule de pièces,
d'affiches, de brochures très-curieuses ont été imprimées
par lui de 1789 à 1793.

Avant cette époque, il avait publié la série des almanachs
de la ville de Mâcon. Le plus ancien que nous ayons vu est
le suivant :

*Almanach nouveau de la ville de Mâcon pour l'an de
grâce 1762, contenant le calendrier, les fêtes commandées
dans le diocèse de Mâcon, les processions générales, les
jours d'audience de toutes les juridictions, etc.* A Mâcon,
chez Jean-Philippe Goery, imprimeur du roi et de la ville.
Un vol. in-12, 67 p. [2]

Dans sa déclaration des droits de l'homme, l'Assemblée
nationale avait écrit que tout citoyen pouvait parler, écrire
et *imprimer* librement[3]. A dater de ce moment, la profession
de typographe devint libre, des imprimeries se fondèrent
de tous côtés, et en particulier à Mâcon. Beaucoup de ces
établissements nouveaux n'eurent qu'une vie éphémère,
mais, au moment où ils s'ouvrirent, ils étaient nécessaires
pour reproduire les innombrables décrets des Assemblées
nationale et constituante, et pour imprimer les feuilles
périodiques, les débats des clubs, enfin les écrits de toute
nature que l'enthousiasme de la liberté nouvelle enfantait

[1] DESCHAMPS, *Dict. de géog.*, p. 815. Goery a imprimé beaucoup d'ouvrages dont je ne donne pas les titres.

[2] Bibl. de la ville de Mâcon. Le dernier almanach de Mâcon, avant la Révolution, est de 1786.

[3] Art. XI, séance du 21 août 1789. V. aussi la Constitution de 1791 et le décret du 17 mars 1791.

partout. L'étendue de cette note ne me permet pas de l'allonger encore par des détails sur cette période, la plus intéressante assurément, de l'histoire de la typographie mâconnaise[1].

[1] Voici les noms des imprimeurs mâconnais pendant la Révolution : Goery, imp. du roi , exerce jusqu'en 1793 ; P.-M. Saphoux , 1791-an X ; Jogues, imp. de la Société populaire, ans II et III ; les frères Chassipolet, depuis l'an II ; J. Galand ; Moiroux ; E.-P. Baudinot , imp. de l'administration centrale ; Revillon. Les décrets du pouvoir central et les arrêtés du directoire du département ont été, en grande partie du moins. imprimés à Lyon , chez Aimé Vatar-Delaroche , et parfois à Chalon-sur-Saône , chez Delorme-Delatour.

OUVRAGES CITÉS.

ABRÉVIATIONS.	TITRES.
Ann. de la Soc. d'ém. de l'Ain.	Annales de la Société d'émulation de l'Ain. Bourg.
Bibl. P. Nor.	Catalogus Biblioth. public. Norimbergis (a Panzer confectus).
Bourgogne (La).	La Bourgogne, revue. Dijon, 1869.
Braun.	Placidi Braun Notitia historico-litteraria de libris ab artis typographicæ inventione usque ad annum MD impressis in Bibloth. Monaster. ad SS. Uldaric. et Afram Augustæ extantibus. P. I et II. Augustæ Vindel. 1788 et 1789, in-4°.
Brunet.	Manuel du libraire et de l'amateur de livres. Paris, Didot, 1860-65.
Denis suppl.	Michaelis Denisii Annalium typographicorum Cl. Mich. Maittaire supplementum. P. I et II. Viennæ, 1789, in-4°.
Deschamps.	Dictionnaire de géographie ancienne et moderne à l'usage du libraire et de l'amateur de livres, par un bibliophile (D.) (par M. Deschamps). Paris, Didot, 1870, un vol. in-8°.
Freyt. adp.	Frid. Gotth. Freytagii Adparatus litterarius ubi libri partim antiqui, partim rari recensentur, Tom. I, II, III, Lipsiæ, 1752, in-8°.
Gesner.	Joh. Georg. Gesners Verzeichnis der vor 1500 gedruckten auf der offentlichen Bibliothek. zu Lübeck befindlichen schriften — aus neue zum druck befordert von Ludwig Suhl. Lübeck, 1782, in-4°.
Goetz.	Joh. Christian Goetze Merckwürdigkeiten der konigl. Bibliot. zu Dresden, I - III. Dresden, 1744, in-4°.

Hain.	Lud. Hain. Repertorium bibliographicum. 1826. 4 vol. in 8°.
Heinecken.	Idée générale d'une collection d'estampes. Leipsic, 1771.
Helmschrott.	Joseph Maria Helmschrott Verzeichiss alter Druckdenkmale der Bibliothek des Benedict. Stifszum II. Mang in Füessen. Ulm, 1790, in-4°.
Jacob (P.)	R. P. Ludovici Jacob. De claris scriptoribus cabilionensibus. Parisiis, 1652, in-4°.
Laire ind.	Index librorum (bibliothecæ cardinalis de Brienne) ab inventa typographia ad ann. 1500. P. I et II. Senonis, 1791. P. III. Parisiis, 1792, in-8°.
Maitt.	Michael Maittaire. Annales typographi ab artis inventæ origine ad ann. MD continuati. Hagæ comit. in-4°.
Meerm. origin.	Origines typographicæ Gerardo Meerman auctore. Hagæ comit. 1765, in-4°.
Murr (de) memorabile.	Christoph. Théoph. de Murr. Memorabilia Bibliothecarum publicarum Norimbergensium et universitatis Altdorfinæ. P. I-III. Norimbergæ, 1786, in-8°.
Panzer.	Annales typographici, Norimbergæ, 1793.
Péricaud.	Bibliographie lyonnaise du xvᵉ siècle. Lyon, Perrin, 1851.
Schwarz.	Chr. Gottl. Schwarzii index quorumdam libror. sæculo xv impressorum. Pars I-IIII. Norimb., 1727, in-8°.
Seemiller.	Sebastiani Seemilleri Bibliothecæ Academiæ Ingolstadiensis incunabulor. typographicor. Ingolstadii, 1787, in-4°.
Straus. Monum.	Andreæ Straussi Monumenta typographica quæ exstant in Bibliotheca colleg. can. regular. in Rebdorf, Eichstadii, 1787, in-4°.
Vall. (de la)	Catalogue de la bibliothèque de M. le duc de la Vallière. Paris, 1783-88.